ALPHABET

INSTRUCTIF

POUR APPRENDRE FACILEMENT A LIRE

A LA JEUNESSE

PARIS

A LA LIBRAIRIE ENCYCLOPÉDIQUE DE RORET

RUE HAUTEFEUILLE, N° 12.

1856

PÈRES ET MÈRES,

Instruisez vos Enfants! car l'Education est plus rare que la Naissance et toutes les richesses du monde; et sans doute elle est le plus grand bien et la plus belle fortune que les Pères et Mères puissent donner à leurs Enfants, puisque rien ne peut l'ôter. Heureux ceux qui se plaisent à s'instruire par la lecture!

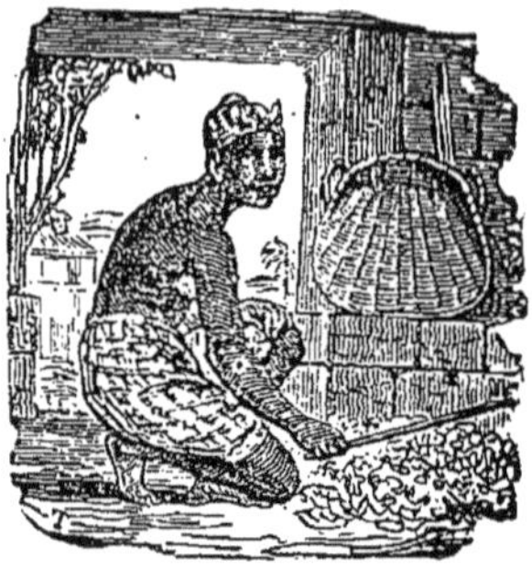
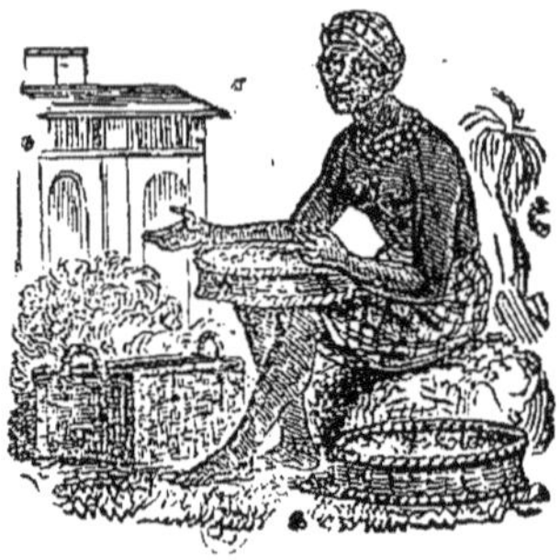

A B C D

E F G H I

J K L M N

O P Q R S

T U V X Y

Z Æ Œ W.

Majuscules Romaines.

A B C D E F G H
I J K L M N O P Q
R S T U V X Y Z

Lettres ordinaires Romaines.

a b c d e f g h i j k l m
n o p q r s t u v x y z

Majuscules Italiques.

*A B C D E F G H I J K L M
N O P Q R S T U V X Y Z*

Lettres ordinaires Italiques.

*a b c d e f g h i j k l m n o
p q r s t u v x y z*

Lettres doubles.

Æ OE W. ff fi ffi fl ffl

Lettres accentuées et ponctuation.

âêîôû. äëïöü. áéíóú. àèìòù. .,;:!?

SYLLABES DE DEUX LETTRES.

ba	be	bi	bo	bu
ca	ce	ci	co	cu
da	de	di	do	du
fa	fe	fi	fo	fu
ga	ge	gi	go	gu
ha	he	hi	ho	hu
ja	je	ji	jo	ju
ka	ke	ki	ko	ku
la	le	li	lo	lu
ma	me	mi	mo	mu
na	ne	ni	no	nu
pa	pe	pi	po	pu
ra	re	ri	ro	ru
sa	se	si	so	su
ta	te	ti	to	tu
va	ve	vi	vo	vu
xa	xe	xi	xo	xu
ya	ye	yi	yo	yu
za	ze	zi	zo	zu

SYLLABES DE TROIS LETTRES.

bla	ble	bli	blo	blu
bra	bre	bri	bro	bru
cha	che	chi	cho	chu
cra	cre	cri	cro	cru
dra	dre	dri	dro	dru
fla	fle	fli	flo	flu
fra	fre	fri	fro	fru
gla	gle	gli	glo	glu
gra	gre	gri	gro	gru
pha	phe	phi	pho	phu
pla	ple	pli	plo	plu
pra	pre	pri	pro	pru
qua	que	qui	quo	quu
spa	spe	spi	spo	spu
sta	ste	sti	sto	stu
tra	tre	tri	tro	tru
vra	vre	vri	vro	vru
xal	xel	xil	xol	xul
zal	zel	zil	zol	zul

PRI-È-RES.

† *Au nom du Pè-re, et du Fils, et du Saint-Es-prit. Ain-si soit-il.*

L'O-rai-son Do-mi-ni-ca-le.

No-tre pè-re qui ê-tes aux cieux, que vo-tre nom soit sanc-ti-fié : que vo-tre rè-gne ar-ri-ve : que vo-tre vo-lon-té soit fai-te en la ter-re com-me au Ciel : don-nez-nous au-jour-d'hui no-tre pain quo-ti-dien : par-don-nez-nous nos of-fen-ses com-me nous par-don-nons à ceux qui nous ont of-fen-sés; et ne nous lais-sez pas suc-com-ber à la ten-ta-tion; mais dé-li-vrez-nous du mal. Ain-si soit-il.

La Sa-lu-ta-tion An-gé-li-que.

Je vous sa-lue, Ma-rie, plei-ne de grâ-ce, le Sei-gneur est avec vous; vous ê-tes bé-nie en-tre tou-tes les fem-mes, et Jé-sus le fruit de vos en-trail-les est bé-ni.

Sain-te Ma-rie, Mè-re de Dieu, pri-ez pour nous, pau-vres pé-cheurs, main-te-nant et à l'heu-re de no-tre mort. Ain-si soit-il.

Le Sym-bo-le des A-pô-tres.

Je crois en Dieu, le pè-re tout-Puis-sant, Cré-a-teur du Ciel et de la ter-re, en Jé-sus-Christ, son fils u-ni-que no-tre Sei-gneur : qui a é-té con-çu du Saint-Es-prit, est né de la Vier-ge Ma-rie : a souf-fert sous Pon-ce-Pi-la-te, a é-té cru-ci-fié, est mort, en-se-ve-li : est des-cen-du aux En-fers, et le troi-siè-me jour est res-sus-ci-té des morts : est mon-té aux cieux, est as-sis à la droite de Dieu, le pè-re tout-puis-sant, et de là vien-dra ju-ger les vi-vants et les morts. Je crois au Saint-Es-prit, la sain-te E-gli-se ca-tho-li-que, la com-mu-nion des Saints, la ré-mis-sion des pé-chés, la ré-sur-rec-tion de la chair, la vie é-ter-nel-le. Ain-si soit-il.

La Con-fes-sion des pé-chés.

Je me con-fes-se à Dieu tout-puis-sant, à la bien-heu-reu-se Ma-rie, tou-jours Vier-ge, à saint-Mi-chel ar-chan-ge, à saint-Jean-Bap-tis-te, aux saints A-pô-tres Pier-re et Paul, à tous les Saints, et à vous, mon Pè-re, de tous les pé-chés que j'ai com-mis en pen-sées, pa-ro-les et en œu-vres, par ma fau-te, par ma fau-te, par ma très-gran-de fau-te; c'est pour-quoi je prie la bien-heu-reu-se Ma-rie tou-jours

Vi-er-ge, saint Mi-chel ar-chan-ge, saint Jean-Bap-tis-te, les saints A-pô-tres Pier-re et Paul, tous les Saints, et vous, mon pè-re, de pri-er pour moi le Sei-gneur no-tre Dieu.

Que le Sei-gneur tout-puis-sant et mi-sé-ri-cor-dieux nous ac-cor-de de l'in-dul-gen-ce, l'ab-so-lu-tion et la ré-mis-sion de tous nos pé-chés. Ain-si soit-il.

Recommandons-nous à Dieu, à la sainte Vierge et aux Saints.

Bénissez, ô mon Dieu, le repos que je vais prendre pour réparer mes forces, afin de mieux vous servir.

Vierge sainte, mère de mon Dieu, et après lui mon unique espé-rance; mon bon Ange, mon saint Patron, intercédez pour moi, pro-tégez-moi pendant cette nuit, tout le temps de ma vie, et à l'heure de ma mort. Ainsi soit-il.

Prions pour les Vivants et les Fidèles trépassés.

Répandez, Seigneur, vos bénédictions sur mes parents, mes bienfaiteurs, mes amis et mes ennemis; protégez tous ceux que vous m'avez donnés pour supérieurs; secourez les pauvres, les prisonniers, les affligés, les voyageurs, les malades et les agonisants; convertissez les hérétiques, et éclairez les infidèles.

Dieu de bonté et de miséricorde, ayez aussi pitié des âmes des fidèles qui sont dans le purgatoire, mettez fin à leurs peines, et donnez à celles pour lesquelles je suis obligé de prier, le repos et la lumière éternels. Ainsi soit-il.

ACTE DE FOI.

Mon Dieu, je crois fermement tout ce que vous avez révélé à la sainte Église catholique, apostolique et romaine; parce que vous êtes la vérité même, qui ne pouvez ni vous tromper, ni nous tromper.

ACTE D'ESPÉRANCE.

Mon Dieu, j'espère que vous voudrez bien m'accorder votre grâce en ce monde, et le paradis en l'autre, parce que vous êtes la bonté et la fidélité même.

ACTE D'AMOUR.

Mon Dieu, je vous aime de tout mon cœur, pour l'amour de vous-même, parce que vous êtes infiniment bon et infiniment aimable, et j'aime mon prochain comme moi-même.

ORAISON A SON BON ANGE.

Mon bon Ange, continuez, s'il vous plaît, vos charitables soins: inspirez-moi la volonté de Dieu en toutes les œuvres de cette journée, et me conduisez dans le sentier qui mène à la vie éternelle. Ainsi soit-il.

LES COMMANDEMENTS DE DIEU.

Un seul Dieu tu adoreras,
Et aimeras parfaitement.
Dieu en vain tu ne jureras,
Ni autre chose pareillement.
Les dimanches tu garderas,
En servant Dieu dévotement.
Tes père et mère honoreras,
Afin de vivre longuement.
Homicide point ne seras,
De fait ni volontairement.
Luxurieux point ne seras,
De corps ni de consentement.
Les biens d'autrui tu ne prendras,
Ni retiendras à ton escient.
Faux témoignage ne diras,
Ni mentiras aucunement.
L'œuvre de chair ne désireras,
Qu'en mariage seulement.
Biens d'autrui ne convoiteras,
Pour les avoir injustement.

LES COMMANDEMENTS DE L'ÉGLISE.

Les Fêtes tu sanctifieras,
Qui te sont de commandement.
Les Dimanches la Messe ouïras,
Et les Fêtes pareillement.

Tous tes péchés confesseras,
A tout le moins une fois l'an.
Ton Créateur tu recevras,
Au moins à Pâques humblement.

Quatre-temps, Vigiles jeûneras,
Et le Carême entièrement.
Vendredi chair ne mangeras,
Ni le Samedi mêmement.

MANIÈRE

AVEC LAQUELLE LES ENFANTS DOIVENT SE COMPORTER A L'ÉCOLE.

Il faut vous découvrir en entrant dans l'Ecole, soit pour faire la révérence à votre Maître s'il y est, soit pour saluer vos compagnons; car il ne faut pas oublier aucun devoir de civilité, si familier que l'on puisse être avec quelqu'un.

Ne changez pas facilement de place pour être tantôt dans un lieu, tantôt dans un autre; demeurez dans celle que le Maître vous a donnée; ne soyez pas incommode à vos compagnons, en poussant l'un, et en heurtant l'autre. Si quelqu'un n'en use pas de même à votre égard, souffrez-le pour l'amour de Dieu, sans vous plaindre; cela est aussi de l'honnêteté.

Il est indécent d'étudier ou de lire quelques livres hors de propos, au lieu d'étudier sa leçon.

Ne soyez pas assez malhonnête et assez peu obligeant pour refuser à vos compagnons, dans le besoin, de l'encre, des plumes, ou autres choses, s'il arrivait qu'ils eussent oublié d'en apporter.

Ne causez point dans l'Ecole; et si quelqu'un vous accuse injustement auprès du Maître, de quoi que ce puisse être, n'en ayez point de ressentiment, du désir de vous venger : il suffira dans le temps de faire connaître au Maître votre innocence, si la chose le mérite, sans vous échauffer davantage.

C'est une marque d'un esprit méchant de témoigner de la joie quand on reprend ou qu'on châtie quelqu'un : gardez-vous bien de tomber dans cette faute.

INSTRUCTIONS
POUR LA JEUNESSE.

DES QUATRE FINS DE L'HOMME.

Il y a quatre choses auxquelles l'homme doit penser souvent : à la Mort, au Jugement, au Paradis et à l'Enfer ;

A la Mort, qui peut nous surprendre à tout moment ;

Au Jugement, où il sera éternellement décidé de notre sort ;

A l'Enfer, où les méchants seront jetés dans un feu qui ne s'éteindra jamais;

Au Paradis, où les justes jouiront d'un bonheur éternel, promis à ceux qui auront aimé et servi avec fidélité notre Seigneur.

DE L'AMOUR DE DIEU.

Mes chers Enfants, aimez Dieu autant qu'il vous aime; si vous servez le Seigneur comme il faut, vous ne consentirez jamais au péché.

Après Dieu aimez vos parents et vos Maîtres d'instruction, remplissez toujours leurs volontés avec crainte et soumission. Souvenez-vous de faire l'aumône; le Seigneur vous recommande particulièrement de secourir les pauvres. Rien n'est plus doux que d'employer ses richesses à soulager ceux qui sont dans la peine.

Ne méprisez personne; l'orgueil est la source de tous les vices. N'oubliez jamais que nous sommes tous frères, et que nous devons nous rendre des services mutuels.

Fuyez les mauvaises compagnies, rien n'est plus dangereux. Obligez sans qu'on vous oblige, et ne soyez jamais ingrats. Fuyez le mensonge. Ne faites pas aux autres ce que vous ne voudriez pas qu'on vous fît. Rendez à chacun ce qui lui appartient, et surtout ne parlez jamais mal de qui que ce soit. Montrez-vous laborieux, soumis, honnêtes, modestes, charitables, prévenants, et vous serez aimés de Dieu et des hommes.

DU RESPECT ENVERS SES PÈRE ET MÈRE.

Les droits d'un Père et d'une Mère sont grands! Vous leur devez le jour; tous les soins, les secours vous ont été prodigués tour-à-tour par leur main tutélaire, mes chers Enfants; ainsi vous leur devez votre reconnaissance, votre tendre amour en échange du leur : et comme leurs seuls vœux sont pour votre bonheur, vous leur devez enfin entière obéissance.

Que vous devez aimer cette Maman si chère qui souffrit tant pour vous, et vous rend tant de soins ! Voyez comme elle sait prévenir vos besoins, songez par vos vertus à payer votre mère d'une reconnaissance éternelle.

DU DEVOIR DE L'HOMME ENVERS LES AUTRES HOMMES.

L'homme, mes Enfants, est d'une faiblesse extrême s'il reste seul; jamais le plus puissant n'est fort que par autrui : tout le monde a besoin d'un appui : il n'est rien par lui-même, il lui faut des secours; on a souvent besoin d'un plus petit que soi; ainsi il faut, autant qu'on peut, obliger tout le monde.

Faites du bien, chacun vous le rendra : si vous faites le mal, chacun vous en fera. Reçoit-on un bienfait, qu'un autre bienfait y réponde : il se faut entr'aider, c'est la commune loi; alors il faut traiter autrui comme on veut qu'il vous traite.

DU DEVOIR DE L'HOMME ENVERS LUI-MÊME.

L'homme, mes chers Enfants, a plus d'un devoir à remplir envers lui-même sans nuire à son prochain; et il doit s'étudier afin de connaître d'où peuvent naître les mouvements divers dont il est agité.

C'est par le cœur qu'il faut juger de l'homme. De là partent les grands desseins, les grandes actions et les grandes vertus. La solide grandeur, qui ne peut être imitée par l'orgueil, ni égalée par le faste, réside dans les qualités personnelles et dans la noblesse des sentiments. Être bon, libéral, bienfaisant, généreux; ne faire cas des richesses que pour les distribuer, des dignités que pour servir sa Patrie, de la puissance que pour réprimer le vice et faire honorer la vertu; être homme de bien, sans chercher à le paraître; supporter la pauvreté avec noblesse, les injures avec patience; étouffer ses ressentiments, et rendre service à un ennemi dont on peut se venger; préférer à tout le bien public; lui sacrifier sa fortune, son repos, sa réputation, sa vie même : voilà ce qui rend l'homme grand et véritablement digne d'estime.

DU TRAVAIL ET DE SES AVANTAGES.

Le travail est toujours nécessaire à l'homme, car notre vie est si courte, il la faut employer. Livrez-vous au travail dès l'âge le plus tendre, vous serez heureux, quel que soit votre état; il écarte l'ennui et vous donne une heureuse existence. C'est un jour perdu que de rester sans travailler; et il ne faut pas remettre au lendemain ce que dans le moment aisément on peut faire; le présent seul est sûr, l'avenir est incertain; et souvent on risque de tout perdre faute de savoir profiter du moment favorable.

DE LA PARESSE.

La paresse et l'oisiveté sont, mes Enfants, la source de tous les vices et par conséquent de tous les maux; tandis que le travail et l'industrie sont la source de toutes les vertus et de tous les biens. L'homme né dans la pauvreté, acquiert par le travail des moyens d'existence et quelquefois même assez de fortune pour soulager la misère d'autrui.

DE LA VERTU.

La vertu, mes Enfants, donne la paix de l'âme, c'est à faire le bien qu'il faut borner ses vœux; on est toujours tranquille étant exempt de blâme; il n'est point de malheur pour l'homme vertueux. Estimons les vertus, quels que soient les dehors; souvent un pauvre habit couvre un Homme estimable, tandis qu'un habit d'or cache un cœur méprisable.

DE LA PRUDENCE.

Agissez toujours, mes Enfants, avec prudence; on ne saurait avoir trop de précautions : il n'est point de dangers, de maux, d'afflictions, qu'on ne puisse éviter avec la prévoyance; sans cesse l'imprudent s'expose au repentir.

DE LA BONTÉ.

Mes chers Enfants, que tous vos traits expriment la bonté. Faites à tout le monde un accueil favorable; soyez compatissants pour les malheurs d'autrui; que jamais le malheureux ne soit rebuté par vous: un pauvre bien reçu s'en va moins misérable. On ne peut faire du bien à tout le monde; mais on peut toujours témoigner de la bonté.

DE LA PATIENCE.

La patience, mes Enfants, soulage le malheur : celui qui ne sait pas supporter sa douleur, augmente ses tourments par son impatience; ce n'est pas par des emportements que vous pourrez jamais obtenir l'avantage, mais bien par la patience, par la douceur et la raison. Les gens impatients ne jouissent jamais de rien; un retard de bien pour eux n'est plus un bien. Au sein des plus grands maux, le sage vit tranquille, et il supporte ceux qu'il ne peut empêcher.

DE LA POLITESSE.

Mes Enfants, la politesse consiste à parler et agir avec honnêteté envers les hommes; elle se montre sans peine quand on en a. Les hommes ont entre eux fait la convention d'égards et de devoirs qu'on nomme politesse; pour peu qu'on ait d'éducation et d'usage, on doit se conformer sans cesse à ces égards. La politesse est franche, sans affectation, et part du sentiment intérieur de l'égalité naturelle : elle est la vertu d'une âme simple, noble et bien née.

Il faut, autant qu'il est possible, s'exercer à devenir poli sans fausseté, complaisant sans bassesse, et à prendre si bien ce qu'il y a de bon dans la société, que vous puissiez être soufferts sans en adopter les vices.

C'est pour adoucir la rudesse qu'on créa des égards dans la société.

DE LA COMPLAISANCE.

Un enfant volontaire est toujours déplaisant; il faut, pour être aimable, être doux, complaisant, et d'un caractère affable; on est toujours aimé quand on est sans humeur. Souvenez-vous toujours de si bonne leçon : l'esprit ne suffit pas pour être aimable, il faut y joindre encore l'indulgente douceur.

DE LA RECONNAISSANCE.

La reconnaissance, mes Enfants, est un sentiment trop louable pour ne point vous en parler! Si on vous a rendu quelque service, quelque peu que ce soit, c'est toujours un bienfait : ne soyez point ingrats du bien que vous avez reçu ; récompensez cette dette par la reconnaissance, qui est le juste salaire qui, dans un cœur bien né, ne doit jamais finir. Votre cœur honnête et généreux ne connaîtra jamais la basse ingratitude ; il saura qu'il n'est point de vice plus affreux.

DU BONHEUR.

Le bonheur de chaque homme est attaché au bonheur du genre humain ; il doit travailler au bien général, parce que le sien en dépend : il n'y a ni vertu, ni vrai courage, ni solide gloire, sans l'humanité.

DIEU a fait deux lots des biens qu'il distribue aux hommes. D'un côté, il a mis la fortune et les dangers, la gloire et l'envie ; de l'autre côté, la médiocrité et le bonheur, l'obscurité et le repos.

DU MALHEUR.

Le malheur, mes Enfants, à quelque chose est bon : il rend compatissant, produit l'expérience; il faut avoir connu soi-même le malheur pour savoir compatir aux peines d'autrui, car un bonheur trop constant gâte le caractère; et la meilleure école est celle du malheur.

DU RESPECT
POUR LES VIEILLARDS.

Songez, mes chers Enfants, qu'il faut que la Jeunesse respecte les vieillards, écoute leurs discours, demande leurs conseils; honorez la présence des vieillards, prodiguez-leur toujours vos respects et vos soins : donnez-leur des secours, et par ce moyen soulagez leur faiblesse. Qu'y a-t-il de plus beau que l'enfant qui honore les cheveux blancs!

DES DEVOIRS DE L'AMITIÉ.

Entre deux vrais Amis tout doit être commun, dangers, chagrins, plaisirs, et jusques à la bourse; l'amitié doit user, mais n'abuser jamais : respectez ce doux lien de la société, cet unique plaisir du cœur qui fait le charme de la vie.

Un ami sincère est une personne sage et éclairée, capable de démêler les véritables intérêts de son ami, et incapable de se livrer sans considération à ses violences. Il s'efforce d'ouvrir les yeux à cet ami qui s'égare : voilà ce que l'amitié lui inspire. Elle ne lui gâte point le cœur; il laisse à son ami les vices dont il ne peut le guérir.

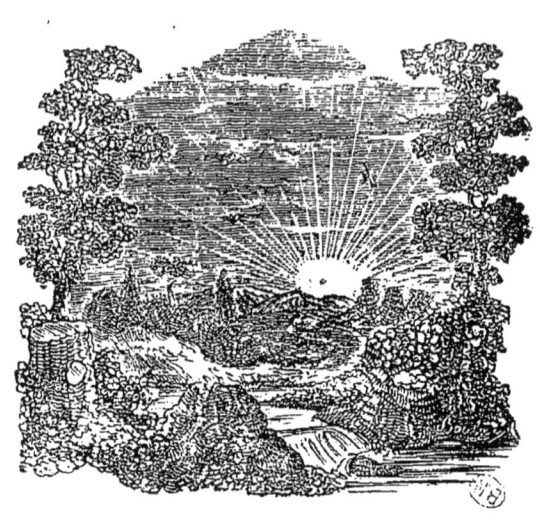

LEÇONS MORALES.

PREMIÈRE LEÇON.

Le Fils généreux qui s'offre de mourir à la place de son Père.

César-Auguste venait de remporter une victoire célèbre ; du nombre des prisonniers était un certain Métellus, son plus cruel ennemi. César-Auguste ne l'eut pas plus tôt reconnu, qu'il le condamna à mourir. Mais le fils de Métellus, qui s'était signalé dans la victoire que César avait remportée, courut se jeter dans les bras de son Père, l'arrosa de ses larmes, et se tournant vers César : Seigneur, lui dit-il, mon Père a été votre ennemi, comme tel, il mérite la mort; mais je vous ai servi fidèlement, et je mérite une récompense. Pour le prix de mes services, accordez la vie à mon Père, et faites-moi mourir à sa place. César, touché par le discours du jeune Métellus, pardonna au père et fit une généreuse récompense au fils.

DEUXIÈME LEÇON.

L'Enfant qui fréquentait les mauvaises Compagnies.

Un homme avait un fils d'un caractère fort aimable; il était doux, honnête, mais il fréquentait malheureusement des amis dont l'exemple et les discours auraient pu corrompre son cœur. Le père ne pouvait l'engager à fuir ces mauvaises compagnies; que fait-il donc? Un jour, pendant l'absence de son fils, il remplit un panier de belles Oranges; mais il a soin d'en mêler deux ou trois qui étaient gâtées. Quand l'Enfant est de retour, il lui remet ce panier. « Qu'avez-vous fait, mon père, dit cet enfant, il y a dans ce panier des fruits gâtés qui corrompront les autres! — « Ne craignez rien, mon fils, répond le père, les bons ne se gâteront pas : au reste, essayons. » Aussitôt il prend le panier et le serre. Quelques jours après, l'enfant demande à voir les fruits; le père les lui donne, mais hélas! il ne voit dans le panier qu'un amas de pourriture. « Eh bien! mon père, dit-il en pleurant, j'avais prévu ce malheur; mais vous n'avez pas voulu me croire. »

Alors le père lui dit en l'embrassant : « Vous-même, mon fils, vous ne me croyez pas lorsque je vous représente que les mauvais amis que vous fréquentez gâteront votre cœur. »

TROISIÈME LEÇON.

Jugement téméraire d'un homme ignorant.

Un jour un homme se promenant dans la campagne, regardait les Chênes qui sont de grands arbres, qui portent un petit fruit qu'on nomme Gland, et qui n'est pas plus gros que le pouce; il remarqua en même temps une petite plante qui touchait à la terre et qui portait des Citrouilles quatre fois plus grosses que sa tête. Cet homme dit en lui-même : Il me semble que si j'avais été à la place du Créateur, j'aurais mieux arrangé les choses : la Citrouille aurait dû venir sur ce grand arbre, et le Gland sur cette petite plante. Pendant que cet homme raisonnait ainsi, il se trouva très-disposé à dormir; et comme il faisait très-chaud, il se coucha à l'ombre, sous un grand Chêne. Lorsqu'il dormait, il vint du vent qui fit tomber un gland sur le bout de son nez, ce qui le réveilla en sursaut. Alors cet homme s'écria :

J'avoue que je ne suis qu'un sot et qu'un ignorant, et que DIEU a raison d'avoir arrangé les choses telles qu'elles sont. Que serais-je devenu si la Citrouille eût été sur le Chêne? elle m'eût écrasé la tête en tombant.

OBSERVATION.

Depuis cet exemple, cet homme devint plus sage, il se contenta d'admirer la sagesse avec laquelle DIEU avait arrangé l'univers, et ne s'avisa plus de trouver à redire aux choses qui n'étaient pas faites selon son goût.

FABLES MORALES.

SUR L'AMITIÉ.

*Un véritable ami est plus précieux qu'un trésor;
mais il est très-rare.*

Deux vrais amis vivaient dans la plus grande intimité; on les nommait Sincère et Fidèle; or, il arriva au milieu d'une nuit obscure, que le sommeil de Sincère fut troublé par des songes inquiétants : il crut voir son ami assailli par des assassins; il se lève en sursaut, s'arme, et vole chez Fidèle. Celui-ci éveillé par le bruit, entend la voix de son ami, prend sa bourse et va à sa rencontre. — Parlez, lui dit-il, que vous est-il arrivé?

Vous a-t-on fait violence? Je cours vous venger; avez-vous perdu votre argent au jeu? Voici ma bourse. — Non, dans mon sommeil vous m'êtes apparu embarrassé, je venais à votre secours.

Les deux amis se mirent à rire et s'embrassèrent étroitement et dirent : Notre erreur nous plaît! Adieu.

SUR LE BIENFAIT.

Un bienfait n'est jamais sans récompense.

Un jour Rongemaille, rat de profession, sortant de son trou, tomba sous les griffes de Raminagrobis. — De grâce, épargnez-moi, lui dit le Rat, je suis maigre et exténué; votre Seigneurie ferait un fort mauvais repas, vous méritez mieux. Le Chat, qui venait de faire bombance, et assez porté à la clémence, faute d'appétit, se laissa fléchir par cet acte de soumission. Quelques jours après, le Chat se trouva pris sous un filet. Le Rat, attiré par le bruit, accourut pour délivrer son bienfaiteur, et fit si bien, en rongeant et grignotant les mailles, qu'il le délivra.

SUR LE MAL.

Celui qui fait mal, mal lui arrive.

Un chasseur ne restait jamais au logis que pour battre sa femme et maltraiter ses enfants, c'était un vrai brutal. Un jour, au retour d'une chasse, il prit un ton amical, embrassa sa femme et ses enfants, et leur dit : Soyez tous joyeux et tranquilles, je ne vous maltraiterai plus; car à qui fait mal, mal arrive. Je me suis égaré à la chasse, et ai fait rencontre d'un chien qui a cassé la jambe d'une pintade, qui s'est cachée dans un buisson; le chien a rencontré un polisson, qui, d'un coup de pierre lui a cassé la patte; le polisson a rencontré un cheval qui lui a écrasé le pied; le cheval, en galopant, a mis le pied entre deux éclats de pierre, qui le lui ont rompu. Les deux pierres en se rencontrant, se sont brisées, et ont jeté une lumière qui m'a éclairé.

SUR L'INNOCENCE.

La Naïveté et l'Innocence sont souvent victimes des Méchants.

Un jeune Agneau se désaltérait au courant d'une eau pure : survint un Loup affamé, qui se mit à boire au-dessus de lui. — Te voilà, méchant; qui t'a rendu assez hardi pour troubler mon eau? — Seigneur, daignez considérer que je bois au-dessous du courant. — Tu raisonnes! D'ailleurs, je sais de bonne part que tu as mal parlé de moi, il y a trois mois. — Hélas! je n'étais pas né. — Qu'importe, si ce n'est pas toi, c'est ton père, ta mère, ou quelqu'un de ta race; il faut que je me venge, tu paieras pour eux. — Il dit, et se jetant sur le timide Agnelet, le mit en pièces, et dévora impitoyablement ses membres palpitants.

SUR L'HOSPITALITÉ.

Celui qui exerce l'Hospitalité goûte un plaisir bien doux.

Un vieux Canard et une Tortue vivaient en paix dans un lieu solitaire sur les bords d'un clair ruisseau. Des herbes tendres et quelques vermisseaux composaient leur frugal repas. Un jour, surpris d'entendre un grand bruit dans la forêt, ils se cachèrent; arrive une Gazelle effrayée et hors d'haleine. Le Canard, qui le premier l'aperçut, sortit et lui parla ainsi : Rassurez-vous, ma mie, et ne craignez rien, vous trouvez ici des amis sur lesquels vous ne comptiez pas; prenez bien garde de ne pas vous écarter d'ici, vous y serez en sûreté, et nous vous consolerons : buvez, mangez, faites comme nous, et bientôt vous oublierez vos chagrins passés.

SUR LA PARESSE.

Un paresseux est toujours dans l'embarras.

La Cigale ayant passé les beaux jours de l'été à chanter, se trouva prise au dépourvu dans la saison fâcheuse; elle ne trouvait rien qui vaille, et mourait de faim : elle aperçut la Fourmi qui faisait sécher son grain, mouillé par la pluie. Ma voisine, lui dit-elle, prêtez-moi quelques grains pour subsister jusqu'au retour du beau temps. — Pourquoi, lui dit la Fourmi, qui n'aime pas à prêter? Pourquoi n'avez-vous pas fait de provisions pendant l'été? — Vraiment, je chantais du matin au soir! La Fourmi se mit à rire, et lui dit : Vous chantiez, ma commère, eh bien! dansez maintenant.

SUR LA CUPIDITÉ.

La Cupidité est insatiable.

Une Fée mariant sa Filleule, lui avait donné pour dot une poule qui lui pondait tous les jours un œuf d'or, ce qui la mettait fort à l'aise. Sa maîtresse insensée crut qu'elle renfermait un trésor; elle la tua, croyant s'enrichir plus promptement : son insatiable cupidité fut punie : elle perdit tout, œufs et poule; la poule se trouva en dedans tout-à-fait semblable aux autres. La source de ses richesses étant tarie, elle devint pauvre, elle le méritait, elle implora en vain le secours de sa marraine, qui pour la punir, fut sourde à ses cris.

Valeur des chiffres.

1	18	35	52	69	86
2	19	36	53	70	87
3	20	37	54	71	88
4	21	38	55	72	89
5	22	39	56	73	90
6	23	40	57	74	91
7	24	41	58	75	92
8	25	42	59	76	93
9	26	43	60	77	94
10	27	44	61	78	95
11	28	45	62	79	96
12	29	46	63	80	97
13	30	47	64	81	98
14	31	48	65	82	99
15	32	49	66	83	100
16	33	50	67	84	101
17	34	51	68	85	102

BAR-SUR-SEINE. — IMPRIMERIE SAILLARD.